JN436501

몸에 박힌 말

몸에 박힌 말

2008년 12월 5일 초판 인쇄
2008년 12월 12일 초판 발행

지은이 | 이동규
펴낸이 | 이찬규
펴낸곳 | 북코리아

주소 | 121-801 서울시 마포구 공덕동 115-13 2층
전화 | 02-704-7840
팩스 | 02-704-7848
e-mail | sunhaksa@korea.com
홈페이지 | www.sunhaksa.com
출판등록 | 제03-01157호(1998년 2월 10일)

ISBN 978-89-92521-46-8 03810
값 | 8,000원

몸에 박힌 말

이동규 시집

북코리아

자 서

천관산에 올랐습니다

어머님 품처럼 포근한
옥색 바다가 펼쳐집니다

허겁지겁 올라왔던 것도
다 잊었습니다

평생 한결같았던 어머님의
몸에 박힌
자식 사랑 말을 생각하며

세 번째 시집을 엮습니다

차 례
Contents

1 오늘 : 나의삶

2 한삼덩굴의 꿈

3 러시아워

4 몸에 박힌 말

5 억새의 춤

1

오늘:나의삶

자화상 1

거울이 나를 쏘아보고 있다
서먹서먹하다
앙상한 겨울나무 꼬락서니에
듬성듬성한 정수리 숲은
백색머리털 일색이고
기름기 빠진 이마는
이랑 깊은 자갈밭 같다
이게 누군가?
아무리 뜯어봐도 영 낯선 이여
두 눈 부릅뜨고 훑어보니
지난 것들에 엉켜 있는
지금 있는 것들, 그리고
다시 따라 붙을 것들이다
어색하게 눈웃음을 찡긋해본다
천명으로 알고 살았던
내 인생역경의 훈장들이 하나 둘
내 몸뚱이에 아로새겨 있구나

자화상 2

오늘 아침 거울에는 어제의 내가 있다
내일 아침 거울에도 변함없이
오늘의 내가 있을 것이다, 아니 있을까?
이렇게 하얀 면도거품을 뒤집어 쓴……

한 달 만에 친구를 만났더니
내 얼굴이 몰라 볼 만큼 새까매졌다고
운동 좀 줄여라 한다
나에겐 그 모습이 그 모습인데

고독은

고독은
옷 속에 가려진 맨몸처럼
남은 느끼지 못해도
나는 알고 있는 것
그래서 지하철 속에서도
문득
문신까지 한 모습으로 나타나
자기를 확인하려 드는 것

고독은
구름 뒤에 가려진 파란 하늘처럼
아무리 덮으려 해도
항상 곁에 있는 것
그래서 웃고 떠들다가도
아름다운 사랑 이야기를 듣다가도
문득
핏빛 노을로 나타나
가슴을 저리게 하는 것

고독은
하늘을 가득담은 바다처럼
에메랄드빛으로 흔들려도
끝내 알 수 없는 것
그래서 배를 띄우고 노를 젓다가도
문득
파랗게 멍든 몸을 내보이며
하얗게 하소연을 하는 것

고독은
흘러가는 강물처럼
쉴 새 없이 움직여도
침묵 속에 가라앉아 있는 것
그래서 연초록 물빛에 반하다가도
문득
떠내려가는 달빛에 허우적대면서
혼자라는 것을 깨닫는 것

오 늘

오늘이 이처럼 내 가슴을 설레게 하는 것은
오늘이 내 인생 최대의 선물이기 때문입니다

오늘이 이처럼 내 가슴을 환희로 들뜨게 하는 것은
오늘이라는 선물에서 퍼지는 오묘한 향기 때문입니다

오늘이 이처럼 내 가슴을 충만케 하는 것은
오늘이 펼칠 벅찬 기대와 희망 때문입니다

오늘을 이처럼 기뻐하는 것은
오늘 같은 당신이 항상 같이 있기 때문입니다

오늘과 함께 그대를 떠올리는 이유는
오늘 같은 내일을 당신이 선물하기 때문입니다

찾아 갈 수 있을까

구부정한 노인이 지팡이에 기대어
한 발짝 한 발짝씩 징검다리 건너듯
사거리 횡단보도에 조심스레 진입한다
옛날 옛적의 마음을 따라가지 못한
느린 발걸음은 중간도 못 가
빨강불로 바뀐 신호등에
다시 뒤돌아가려하나
굳어 삐꺽대는 관절은 속수무책
사방서 울려대는 날카로운 자동차경적소리에
마음만 허둥댈 뿐

횡단보도를 기어 나온
탈진한 노인
과연 찾아 갈 수 있을까
횡단보도 저 너머에 있을
노인의 집으로

離 別

－친구 광호를 보내며

고작,
오십을 넘긴 주제에
죽어간다고, 죽기 전에 보잔다
서둘지 않아도 누구나 가는 길
뭐가 그리 급한지……

눈보라까지 휘감는 삭풍에
인고로만 기다리는 고목나무일까
병마에 패인 그는
피골상접한 채 아무 말이 없다

서로 사노라
얼마만의 해후인데
이래야겠느냐며
복받이는 감정으로 손을 잡았지만
온기라곤 전혀 없는 앙상한 냉골 손을
타고
뜨거운 눈물만 솟구친다

그리고
일주일 뒤 그의 부음을 들었다

그는 하얀 국화꽃에 쌓여
검은 리본을 두른 채
잔잔히 웃고 있었다
적당한 체격에, 편안한 노련함
그때가 불과 어제아래쯤으로 여겨지는데
울컥 치솟는 그리움,
이젠 영원한 이별이련가

떠나는 자와 남은 자의 갈림길
내 친구 광호가 떠난 자리에서
그의 큰 아들놈 인사를 받았다
나는 다시 예전에 그를 만났다

핑계를 찾는다

예전에는 술자리가 있다하면
어떤 재미있는 이야기꺼리로
만남을 즐기며 행복할까 했는데
이제는 무슨 핑계거리로
덜 마시고 안마실까 전전긍긍

당뇨핑계로 금주라 할까
헐은 위장으로 절주라 할까
아니면 술과 상극인 치과치료를 받는다 할까
그도 저도 귀찮으면
복용중인 한약에는 술이 사약이랄까

예전에는 온갖 잡술을 섞은
아찔한 폭탄주가
뱃속을 타고 내려가는
짜릿한 감각에 빠졌는데

이젠……

할 수 없이 동석하게 될 술자리에서
살아서 빠져나올 핑계거리만 찾는다

산다는 것

인생이 1+1=2라는
숫자놀이만 같다면야
무슨 맛이 있으리?

오미자의
단맛, 신맛, 쓴맛처럼
알 수 없는
인생의 참맛을

오늘도 우린
그놈의
묘한 맛을 찾아
한껏 몸 구른다

어떤 이별

부스러지듯 메마른 갈대밭에서
서걱거리는 초겨울 칼바람이 일면
나를 떠난 그대 환영을 조각 한다
무엇 때문일까
어떤 이유일까
가버린 그대는, 그리고
여태 해답 찾지 못한 채
서성거리는 나는

회갑을 맞으며

어제처럼 오늘
오늘처럼 내일
그렇게 살다보니
어느새 10간 12지를
다 돌았네!

꿈의 숫자
386*이야
9988234**하자며

어제보다는 오늘
오늘보다는 내일을
더 젊게 살기 위해
테니스나 하러 가야겠다!

* 386: 30대처럼 팔팔(88)한 육십대(60).

** 9988234 : 구십구세(99)까지 팔팔(88)하게 살고 이삼(23)일 앓다가 죽는다(4)는 것.

제자들과의 모임에서

매운탕 집 수족관에선
하얀 물방울 쉴 새 없이 품어 나오고
수 십 마리 빠가사리들이 유유자작
헤엄치고 있다

양어장 출신인지 외국혈통인지
주인양반 말대로
순수 우리 토종 자연산인지는
어차피 상관없는 일

그저 잊지 않고 챙겨주는
제자들 정만으로도
충분히 벅찬 그 날 저녁

헌 구두를 버리고나서

10여 년간
세계 곳곳까지 함께 누빈
나의 동행자
또 하나의 분신
저 낡은 신발
이젠 정 떼야하나

몇 년 째
신발장 한 모서리를 차지한
애물단지
벼루고 벼루다
엊저녁 내다버렸다

누구의 발길을 기다리며
이 밤을 지샐까
쓰라린 마음에
밤이슬이 내린다

덤으로 산다

다 덤이야
어제 지난 오늘은
그리고
내일을 맞는다면
진짜 덤이지
일확천금주고도 얻지 못할
내일일진데
그래서 덤이란
베풀고 나누라는 것

늙은 이발사의 넋두리

칠십이 다 됐어도 가위질 논 적 없이
자식 키워 학교 장가보내고 나니
이제 남은 것이라곤 녹슬어 삐꺽대는 몸뚱이뿐

흘러 보낸 세월을 한탄하고
지들끼리 잘 살고 있는 자식들 원망도 해보고

역시 내리 사랑이라
내 아픔 밑으로 내려주지 못한다고
넋두리 아닌 넋두리로 주절거려도

가위질 속에 배어있는
진정한 삶의 한 모습

몸의 말을 넘어

양주를 마셨다
갑자기 몸은 아우토반을 질주한다
세상이 주마등처럼 사라졌다

술이 취했다
머릿속에서 시비가 붙었다
밤새 싸움은 끝나지 않았다

잠을 설쳤다
마른 저수지에서 물안개가 피었다
추억들이 하얗게 일렁거렸다

응원소리가 들렸다
바턴을 받아 바람처럼 뛰었다
꿈이었다

달이 보였다
별이 쏟아져 내렸다
나도 우주복을 입었다

전국교수 테니스대회

하얀 운동복에 드러난 새까만 얼굴은
강의실과는 영 안 어울려
저 사람도 교수일까 싶지만
오히려 그게 자랑이라
건강하게 1년을 버텼다는 것
이렇게 다시 만났다는 것에
모두들 미소가 가득하고
서로 눈인사하다 문득
누구 안부 물으면
잘 아는 척 건성으로 대답도 하고
그러나 맘속으론
내일 날씨 걱정하면서 결전의 칼을 다듬는
리셉션 장

한 번이라도 지고 나면
일 년을 기다려야 하는 토너먼트라
끝내자고 내려친 스매싱 어이 없이 아웃되면
죄 없는 라켓만 땅 바닥에 팽개치고
애매한 공

인 · 아웃에 열을 내다가
어 하는 사이 벼랑 끝 5대 1이라니

죽어라 버티면서
인생 역전의 드라마를 쓰는

절대 걸려서는 안 되는 병이 "복병" 이고
궁시에 몰릴수록 가야할 곳은 "역전" 이라며
한 바탕 웃는 그곳에는
땀이 있고
박수가 있고
목 터져라 외치는 응원이 있어
우리가 되는 전국교수 테니스대회
이곳이 바로 테미*들의
축제의 장이라

---

* 테니스를 미친듯이 좋아하는 사람

새벽을 쓸고 있는 노인이여

흙이라곤 하나도 없어
잡초도 자라지 않는
아파트 숲에서
새벽을 쓸고 있는 늙은이여
쓸어도쓸어도 걸리는 것은
아무 것도 없는데
빗질을 왜 하는지

그래도 매일 쓸어야 하는 이유는 아마
아무리 쓸어도 없어지지 않고
오히려 쌓여만 가는 세월의 파편들과
기억들 사이에 짱돌처럼 박힌
먼저 간 할멈에 대한 추억 때문일까
아니면 그냥 삶의 습관일까

내 이는 어디로 가고

이가 시리다. 아니 아프다
치과에서는
스케일링을 왜 여태 하지 않았느냐
칫솔질을 잘못하여 이가 닳았다며
한참을 꾸지람이다

하나는 완전히 죽었으니
신경치료 후 씌운다 하고
몇 개는 우선 때워본단다
옛날에 해 넣었던 어금니는
낡았으니 다 뜯어내고
인조 이(임플란트)를 심으란다

앞니까지 갈아 끼었으니
남아있는 내 이는 이제
어디서 찾아야 하나

시는 어디로 갔는가?

하얗게 날리는 벚꽃은
생명의 시어가 되어 가슴에 내려앉고
스치는 여인의 샴푸 냄새는 그리움의 시를
허파 깊숙이 들어 마시게 하였다
계곡물이 바윗돌에 부서질 때마다
나의 시는 물보라가 되어 무지개로 피어나고
밤새 내리는 봄비 소리에 취해
가슴 속으로 눈물의 시를 읽었다
그러나 지금은 아무 것도 보이지 않고
들리지도 않는다. 그냥
물은 물, 꽃은 꽃일 뿐이니
시력이 나빠졌을까, 청력이 악화되었을까 아니야
아마 장맛비 강물 너울대며 떠내려 갈 때
끝내 함께 가버린 그대가
부르던 이별가 때문이다
그래도 다시 생명줄을 붙들며
그리움을 낚아 봐야지

친구야 벚꽃 나무 아래 앉아서

친구야
하얀 벚꽃 아래 앉아
포천 막걸리 한 사발 부어
하늘 한번 쳐다보며
주~욱 들이켜 보세
하얀 벚꽃 사이
파랑 하늘에서 내리는 함박눈
술산에 녹아
흰 나비처럼
가슴에서 춤출 때

친구야 우리 함께
아지랑이 타고 흐르는
종달새 노래에 맞춰
굿거리장단에 몸을 흔드는
취객이 된다고
누가 뭐라 하겠는가
이렇게 하얀 벚꽃이 피기까지
일 년이나 기다렸는데

사랑하는 사람에게는

사랑하는 사람에게는
꿈이 없습니다
항상 꿈속에 있기 때문입니다

사랑하는 사람에게는
아름다움이 없습니다
이 세상 모든 것이 아름답기 때문입니다

사랑하는 사람에게는
축복이 없습니다
그들에게는 이 순간이 전부 축복이기 때문입니다

사랑하는 사람에게는
세상이 없습니다
전부가 다 자기들의 세상이기 때문입니다

사랑하는 사람에게는
세월이 없습니다
순간과 영원만 있기 때문입니다

세상이 아름다운 것은

파란 하늘이 눈부시도록 아름다운 것은
하늘이 맑고 고와서가 아닙니다
그것은 은빛 구름을 만들고 있는 밝은 햇살 때문입니다

바람소리가 싱그러운 것은
바람이 시원해서가 아닙니다
그것은 함께 실려 온 나무와 풀들의 향기 때문입니다

산골 개울소리가 시원하고 아름다운 것은
산골 물이 차갑고 깨끗해서가 아닙니다
그것은 산기운으로 가득한 속삭임이 있기 때문입니다

들꽃이 아름다운 것은
그 색깔이 고와서가 아닙니다
그것은 별과 달, 이슬과 해의 이야기가 있기 때문입니다

저녁노을이 가슴을 설레게 하는 것은
석양이 그린 황금빛 수채화가 있어서가 아닙니다
그것은 노을 속에 미소 짓는 당신이 있기 때문이다

2

한삼덩굴의 꿈

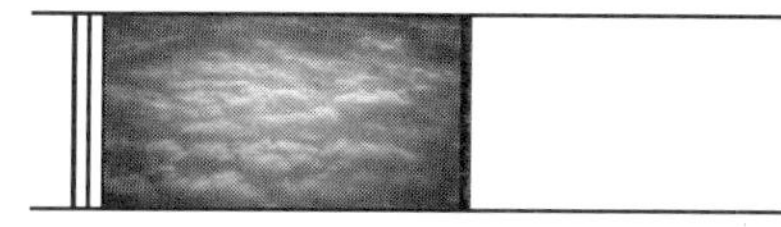

봄의 부름

겨우내 얼어 죽은 줄 알았는데
어떻게 소생했을까
양지쪽 언덕 밑에 돋은
이름 모를 꽃망울들

회색 겨울에 가려 보이지 않았는데
어디서 꺼낸 것일까
잿빛고수부지에 펼치진
노랑 유채 꽃의 카펫

말라죽은 고목인 줄 알았는데
어떻게 살려낸 것일까
나무 가지 끝에 숨쉬는
연두빛 생명들

다 떠나고 적막인줄 알았는데
어디서 불러낸 것일까
봄을 여는
새들의 지저귐은

봄 소리

열게 드리운 분홍빛 아침 햇살이
연두색으로 치장한 수양버들위에
사뿐히 앉아
겨우내 견뎌낸 인고
축제의 장이 섰다
노랑 산수유 피는 소리
노랑 복수 꽃 웃는 소리
얼음 녹은 논두렁에
올챙이 깨어나는 소리
천지가 환해진다
들녘이 소란하다
봄이 깨어나고 있다

봄나들이

봄날
아직 차가운 흙에 맨발로 서
눈을 감아본다
산수유가 노랑 빛을 보이더니
어느새 하얀 목련으로 피어나
진달래의 빨강 물이 스며든다

아지랑이가 현기증을 일으키며
정수리까지 봄이 밀어 올리자

종달새도 덩달아 차오르며
봄소식을 토해내고 있다

봄나들이 한 나의 맨발도
봄에 취해
어느새 연두색 봄이 되어있다

맘속 깊이 파고드는 봄

달빛에 비친 창 너머 벚꽃은
소박대기 여인네의 옷고름 같아 섧고
희디흰 하연목련의 속살은
요기스러워 차라리 눈을 감았다
사방으로 흐드러진 노랑개나리에
취해버린 맘속으로
선혈처럼 낭자하게 만개한
진달래꽃은 그리운 내님 이련가
세상에 가득한 봄이
몸속 깊이 파고들어와 도색하는
가슴시리도록 외로운 날
그리움을 말아 하늘 속으로 피어간다

봄

왜 몰랐을까
이처럼 아름답고 고운
봄이
내 심장을 빼 갈 수 있다는 것을

솜사탕처럼 부푼 목련
송이송이 눈꽃송이 하얀 벚꽃
종종종 줄지어 피어난 노랑개나리
그리고
내 님의 열정 같은 진달래꽃

차라리, 나는
보지 말았어야 했을까
내 눈마저 멀게 할 수 있는
봄을

목 련

엊그제만 해도
수줍은 듯, 살가운 듯,
미소 짓던 목련이
산수유개나리 화려한 춤사위
노랑물결에 용기를 얻었을까
뽀얀 낯꽃에 함빡 터트린 웃음
겨우내 조바심에 동동댔던
내님 소식 한 아름 안겨주네

벚꽃 축제 1

도서관에서 기숙사까지
곱게 단장된 꽃길에
대형 플래카드가 걸렸다
벚. 꽃. 축. 제.

그러나 아직은
완연하지 못한 봄볕
웅크리고 어린 빨강 꽃망울

벚꽃과는 관계없는
인위적 축제는
한 바탕 소동으로 끝났다

그리고 오늘
나는 보았다 그들만의 향연을
하늘땅이 온통 하얗다

파랑새 찾는 민들레여

봄 시샘으로 움츠린
여린 양지 녘에
키 작은 노랑민들레가
띄우는 방긋 웃음환희가
바로 엊그제였는데
어느새 동그란 민들레의
솜사탕얼굴은 봄바람 따라
두둥실두둥실 두우 둥실
황홀한 하얀 빛살
한 아름 쏟아낸다

봄비 개인 이른 아침에

봄비 개인 산야초목들의 움직임은
꼭 이천 이년 월드컵 함성
싱싱한 열정의 용솟음

숨죽여 가만히 그들 환호에
귀 기울인다

저기 저렇게 아지랑이처럼
피는 희망 차오르는 소리
소리

개망초의 꿈

삭막한 콩크리트 건물 사이 공터를
허겁지겁 달려와
하얗게 덮은 개망초 군락지
어느 날부터인지 하나 둘 승용차의 출입 잦더니
이젠 일조권 조망권 모두 점령당한 채
시꺼멓게 내 품는 매연에 휩싸이고 보니
아버지 어머니 형제자매 도란도란 밤새 나누던
저 달과 별들의 이야기와
정겹던 친구들의 속삭임은 간데없어도,
여전한 개망초의 푸른 세상 꿈은
이곳저곳 사방에서 기지개를 한다

하얀 개망초

그들은 알고 싶었다
정말 하늘이 파란가!
허깨비발로 서서 목을 쭉 뽑았다
끝없이 높다란 하늘 쳐다보고
별과 달을 쫓느라
고개도 아프지만
바람에 입 맞춰
하늘하늘 춤추다 보면
하얀 꽃비에 어우러지는
나비의 노래를 듣는다

한삼덩굴의 꿈

자갈 옹벽의 철망 마디마디에
한삼덩굴은 꿈을 엮었다
발 디딜 흙 한줌 없어도
파란 하늘로 치솟고 싶은
절실함을 꿈으로 달아맸다

한 낮 볕에 달궈진 자갈에
화상으로 생체기 나도
밤에 내리는 이슬 한 모금
기다리며
가픈 숨을 삼키는
한삼덩굴의
질긴 꿈은
어느 애절한 넋이
뿌리고 간 원혼일까

매 미

매미가 때를 가려
울었다는 것은 옛말인지
팔월 막바지인데도
매미는
밤도 낮도 잊은 체
징그럽게 악을 쓴다

칠년이란 긴 세월동안
땅 속 암흑에 갇혔다가
풀러난 자유시간이
고작 달포이니
짝짓기에 목을 내는 것은
소명이라

화장실에 날아든 나방

어찌 들어 왔을까?
화려한 비상을 그리다가
미친 듯이 불빛을 따라왔을까

수년간의 땅 속 생활에
허물 벗고 화려하게 날아올랐을텐데
고작
내 집 화장실 안이라니
민망하고 곤혹스럽다만
어찌 할거나

바로 저편에는 풀잎 냄새 물씬 풍기고
별과 하늘이 밤새 만든 이슬이 기다리는데
앞을 가로막은
겹겹이 둘러쳐진 방충망 미로에서
밤 새 되풀이 한 무모한 저항으로
태극문양도 지워지고
……

나방은 이제
가끔씩 기진한 날개를 부르르 떨며
간신히 벽에 붙어있다

플라타너스의 가을

지난 여름 더위에 지친 매미가
슬프게 울고 갔을
플라타너스의 초록색 이파리에
칙칙하게 번진 갈색은
닿을 수 없는 사랑에 목말라
어찌 할 수 없이
타오르기만 하던 갈구

가을이 가는 소리

새벽에 때 아닌 번개가 치고
광풍이 불었다
마른 플라타너스 잎이 우수수 쏟아지고
빛바랜 나뭇잎 쓰레기처럼 나뒹구는

윤달이 끼인 올해도
그렇게 뜸들인 가을이 아닌 듯
바람이 구름 몰아가듯 푸른 것 휩쓴 뒤
채 피우지 못한 꽃 봉우리
잔해로 남아
질주하는 자동차 불빛에 으스러지고

처량히
가을은 그렇게 내 곁에서 멀어지고 있다

돌아온 거미

해마다 때가 되면 어김없이
4층 화장실 방충망을 기초삼아
집을 짓던 거미는 작년 초겨울
어느 날
실크명주실 몇 올만 남기고
둥지가 철거된 채 사라져 버려
1년간을
이제나저제나 기다렸는데
모기와 나방들 꼬리 감추고
하루살이들 흔적도 없어진
빨강 고추잠자리 파란 하늘에 비상하는
구월에야 돌아오다니

보름달을 품은 밤바다

–제주도 서귀포 앞에서

한 달에 한번 휘영청 보름달이
밤바다를 가득 채우면
나는 밤새 그들의 대화에 귀 기울인다
금빛은빛이 흩어지는 소리
청옥백옥이 부딪치는 소리
하늘과 바다가 뒤엉켜
두둥실 흘러가는 소리
별들이 눈 맞추는 소리들
밤새 출렁이고

내 몸도 이태백되어 밤배를 탄다

나목 아래에서

연구실 밖
메타세콰이어나목의
늘씬하게 치솟은
황금빛 품새는
요새미티 국립공원을
그립 듯 하고

연구실 안
황톳물로 도배된
움츠린 내 몰골은
가끔씩 키 재기를 하던
옛적 그 떨기나무가
그립 듯 하고

그렇게 저렇게
얽히고설키어
이어져가는 하루하루가
사실은 모두가

내 삶 이어서
그립 듯 하고

선인장에게

연구실 복도에 버림받은
조그마한 선인장을
혹시 살았을까, 거두었으나
무심히 보내다

문득, 죽었을까
야윈 몰골에다 생체기 내어보니
세상에, 아직 살았었네!

거두지도 마음 준적도 없는데
매정한 날 목말라 하면서
얼마나 불렀을까
그럼에도
치우고 내다버릴 생각만으로
맘 편히 지냈다니
차라리 애초 거두지나 말 것을

귀뚜라미

어머니 물레소리처럼
끊어질 듯 이어지는
귀뚜리의 소리는
울음이 아니다
여름에 대한 그리움이다
잔잔한 호수에서
물여울을 만들어 내는
소금쟁이처럼
고요함을 깨고 있는
귀뚜리의 소리는
서러움 때문이 아니다
제철을 만난 들뜸에
잠 못 이루며
제 짝을 찾으려는
몽유일 뿐이다

가을 빛깔

자연으로 돌아갈 순간을 준비하는 때문일까
하루하루 연노랑 빛으로 변한 다랑이 논에는
함께 익은 산자락이 불그스레하게 내 비치고
강물도 갈대의 하얀 물결을 담아
가을 햇살을 흔든다

시골집에 내려앉은 가을이
파랑 하늘가로 빨강 고추잠자리 밀어내며
담장 위로 누렇게 호박 익힐 때
분홍색 감이 주렁주렁 물들어간다
양지 녘에서 누렁황소 되새김질하고
옆집 강아지가 제 꼬리 물고 빙빙 돌자
내 맘도 정신 잃고 가을빛에 취한다

낙 엽

새벽 가로등이 낙엽 위에 맺힌
서리를 만나 놀란 듯
부서진 명암 사이에서
낙엽은 한기를 담은 채
맘속으로 기어들어와
지난 세월의 온갖 상흔을 일깨운다
조금 있으면 햇살에 녹아 없어질
서리 속에서 낙엽은 더욱 말라가겠지만
그래도 내일 새벽에 다시 맺힐
영롱한 자학을 염원할 것이다
아니 늦가을 햇볕에
늘어지게 자면서
다가올 봄꿈에 빠질지도 모른다
서로 껴안고 있는 낙엽 위로
서리바람이 지나간다
찬바람이 옆구리를 파고든다

정남진의 동백꽃

옥색바다로 떠난 님 기다리느라
그리움에 멍이 들어 짓무르진 가슴
끝내 거문고 영상회상 타령을 타고
피보다 더 붉게 타오르다
뚝뚝 떨어지는 사랑

눈이 온다

하늘이 훌훌 옷을 벗는다
온 세상이 하얀 옷을 입는다
꿈을 벗고, 꿈을 꾸는
천일야화를 듣는다

종일 하얀 나비가 날아든다
허기진 배를 채우려
어린아이처럼 기어간다
달콤한 눈을 먹으려는데
나비는 날아가 버린다

징검다리를 건넌다
발 디딜 돌이 없다
물 위로 사라지는 눈을 찾는다
공연히 눈물이 흐른다

3

러시아워

등치기 시합

로또 당첨자 등치기에
사돈네 팔촌까지 우르르 몰려든다
과부 등치기에
강남 제비들이 밤이슬 타고 날아든다
카지노 등치기에
조폭이 목을 맨다
땅 투기 등치기에
위장전입자 몰려들고
어수룩한 백성들 등치기 시합에
공복들 달려들고
사업가 등치기에 어찌 뒤질소냐
국회의원나리까지 출전이라
지금 이 나라는
밤낮 등치는 소리, 등쳐서 매 치는 소리
왁자지껄

러시아워 사당역에는

2호선에서 4호선으로
4호선에서 2호선으로
갈아타는 사당역에는
사람이 없다
오로지
거친 海日에 휩싸인
人의 波高

2호선에서 4호선으로
4호선에서 2호선으로
갈아타는 사당역에는
인간은 없다
오로지
쉴 새 없이 깜박이는
삑하는 카드소리의 이명(耳鳴)

2호선에서 4호선으로
4호선에서 2호선으로
갈아타는 사당역에는

내가 없다
오로지

압박과 짓밟힘에도
밀고 나가려는
군상(群像)의 행진

아 – 아

2호선에서 4호선으로
4호선에서 2호선으로
갈아타는 사당역에는
아무도 없다
오로지
먹었다가 토해내는
지하철 틈새에서
조금이라도 편해보려는
본능만이 번득일 뿐

상 념

노을을 쳐다보다가
저 뒤편 색깔은
빨강색일까
분홍색일까

구름을 쳐다보다가
저 모습은
코끼리일까
우리고향 뒷산일까

작은 봄꽃을 쳐다보다가
저 꽃은
복수초일까
너도바람꽃일까

나무를 쳐다보다가
저 나무는
산수유일까
매화일까

부는 바람 맞으며

이 바람은
하늬바람일까
높새바람일까

김치찌게

찌게
맛은 역시
잘 익은 김치라고

아니어
찌게는 역시
김치와 속궁합이 맞는
생 돼지 비개 맛이야

그것도 아니다
찌게 맛은
카하고 토해내는
소주 한 잔이
섞일 때
비로소 제 맛이 나는 것

그래
소주 맛을 본
김치찌게는

인간의 각종 굴레와 껍데기들
잘난 채하는 것들

보글보글 끓여
우려내는
바로 이 맛이야

장례식장에서는

입장권처럼 되어 버린 부의금봉투 하나씩 들고
산 자 때문에 죽은 자 찾아
국화식장에 입장한다. 대부분이
얼굴 한번 대한 적 없는 영정 앞에
신속하게 근엄한 표정으로 참배를 한다
그리고
고인에 대한 회고와 함께 산자의 안부를 물어보는 것도 잠시
어느덧 고스톱 판 벌려 죽음의 음삼함을 몰아내며
산 자는 산 자대로 죽은 자는 죽은 자 대로 다들 정신이 없는 곳
……
영원히 잠자는 자 앞에서 살아있는 잠을 청하는
이들도 있다

바람이련가

호수가
물결 아래로 바람 감추듯
여행으로 일탈을 꿈꾸는
나그네여

바람이
다시 호수 잠재우듯
일상으로 돌아오고 마는
나그네여

삶이란
고향으로
일상으로
다시 되돌아 오기위해
떠나는 길

소주에 길들여진 우리들인지라

값비싼 양주보다는
말간 소주 한잔이 그리울까봐
여행할 때, 옷 대신 팩 소주를 더 넣어야
안심이 되는 우리들인지라

아무리 힘든 이국땅 여정도
아무리 성격 다른 사람 만나도
소주 한잔만 나누고 나면
한통속이 된다는 것을
너무도 잘 아는 우리들인지라

브랜드 커피보다
다방커피에 익숙하다고
양배추 샐러리 보다는
냄새나는 김치를 좋아한다고
누가 흉봐도
다방 커피 맛
새콤한 김치 맛
탁 쏘는 소주 맛

그냥 좋아
그 속에
풍덩 빠져버린 우리들인지라

정말 대단하다

다른 차 모두 신호등
바뀌길 기다리고 있는데
색맹이라도 되듯 싹 무시하고
그냥 가버리니
정말 대단하다

다른 차들 직진 차선 타려고
모두 길게 늘어서 있는데
비어있는 좌회전 차로로 들어와
마구 머리통 들이밀어
잽싸게 직진타니
정말 대단하다

차선 바꿀 때마다
깜빡이 넣어 알려줘야 하는데
다짜고짜로 고개 들이밀고
오히려 위세를 부리니
정말 대단하다

퇴근길 사거리
분명 뒤엉킬텐 데

기어코 진입하여
한복판에 버티고
내 탓 아니라며
흐름 완전히 막으니
정말 대단하다

모든 것은 아래로 흘러야 합니다

비는 하늘에서 아래로 내립니다
물은 위에서 아래로 흐릅니다
낙엽은 나무에서 아래로 떨어집니다
민주주의도 아래로 흘러야 합니다
사랑도 아래로, 그냥 주는 것입니다
모든 것은 아래로 내려갑니다
그래서 윗물이 맑아야 합니다
모두가 내리 사랑입니다
그리고 모든 것은 다시 올라갑니다
비는 수증기가 되어
낙엽은 거름이 되어
사랑은 지고한 존경이 되어
사람들은 모두 주인이 되어
다시 올라가야 합니다

러시아워

퇴근과 함께
봇물 터지듯 몰려든 차들이
줄다리기라도 하듯
신호등 가운데 두고
필사적으로 잡아당겨 보지만
도로는 신음만 하며
밀지도 땅기지도 못한 채
꿈쩍도 않는다

금요장터

금요일만 되면 농산물 직거래 장터가 열리는
농협주변은 온통 술렁인다
새벽 같이 이동텐트가 차도 1차선을 점령하고
트럭들은 계속해서 농산물을 쏟아낸다
조금이라도 명당자리를 확보하려는 시골 할머니들의
밤샘 지킴이 때문인지
인도는 어느새 난장판이 되었다
각종 찬거리와 시골 숨소리가 가득 메운 금요장터는
순식간에 섰다가 사라지는 삶의 치열함이다

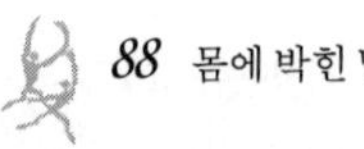

아 531이여!

봉인된 투표함을 뜯자
붓 뚜껑으로 찍어낸
6개의 빨강 동그라미가
숫자를 만들며
화면 속에 굴러가고
불면으로 보낸
핏발 선 눈들이
밤 새 찬물을 들이킨다

경제가 좋으면 미래에
살기 어려우면 과거에
대선은 보다 멀리
총선이나 지방선거는 과거를
향한다고, 그리고
오랫동안 갈고 닦으면
빨강 장미가 피어난다고
누가 말했던가

좋아서
뜻을 같이 해서
4분의 1이
일렬종대로 행군했단 말인가
아니
386
중산층마저
꿈만 꾸는 무능보다는 차라리
허황될망정 제3의 길을 택했다는 말인가

그것은
황색바람도
탄핵바람도
촛불시위도 아닌
증오였을까

모든 것이 묻혀버린
531에서
소외된 4분의 3은

냉소 지으며 하늘만 본다

선거란 참으로 무서운 것이여

정말 환장하겠다

투기가 아니라 투자란다
땅을 사랑할 따름이란다
골프 회원권 싼 것 2억짜리 두 어장 가진 섯이
뭐가 잘못이냐고
집 두세 채는 기본 아니냐고 반문한다
40억은 보통이란다
부동산투기회사에 공동 투자하는 것이 무슨 죄냐고
자본주의에서는 이것이 다 능력이라며
위선, 투기, 배짱이 없이 어떻게 세상을 살아 가냐며 들이댄다
들어볼수록
정말 환장하겠다

국적은 미국인데 의료보험은 한국이 부담한다
실수란다
고혈압으로 비정상인 판정받아 군대도 못간 사람이
온갖 관직은 다 거치고 장관까지 하는 것
지독히 운수 나빠 그런 것인데 뭐가 잘못이냐고 들이댄다
가만히 있었는데 정말 운수가 없어 돈이 굴러들어온 것인데

뭐가 문제냐고 큰 소리 치니
정말 환장하겠다

군대도 못간 비정상인들이지만
운수가 없어 떼돈을 번
40억짜리 부자들 클럽 이름이
고소영이라나, 강부자라나
민초들 한숨소리 내뱉으며
쐬주 넘기는 소리만 사방팔방에 가득하다
숭례문이 이런 것 보기 싫어 미리 분신한 것일까!
정말 환장하겠다

레바논에는

살인도 같은 살인이 아니다
에이즈도 살인이 아니다
자유와 종교의 피켓아래
행해지는 전쟁이
고도의 첨단살인이다

아프가니스탄에서
바그다드에서
레바논에서
지금 벌어지는
테러와 전쟁 살인은
처벌을 받지도 않은 살인
왜라는 이유도 없는 살인
모두가 난사 당하는 살인이다

4

몸에 박힌 말

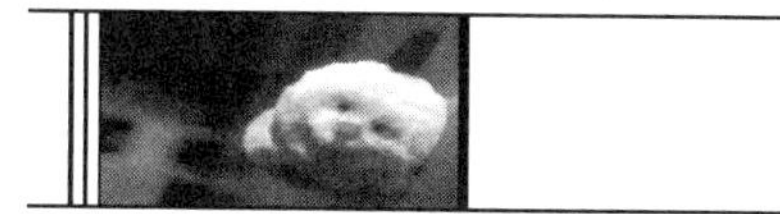

몸에 박힌 말

초등학교땐 어머니가
운동회에서 3등 공책 타오면
"와따 잘 했다"
중3때 우등상을 탔다고 내밀었더니
"와따 잘 했다"
턱걸이지만 광주일고 들어갔다고 말씀드리니
"와따 잘 했다"
서울대학에 합격했다고 하니
"와따 잘 했다"

80이 훨씬 넘은 요즘엔
출근한다 인사드리면
"일찍 댕겨오너라"
서울 다녀온다고 인사드려도
"일찍 댕겨오너라"
외국 갔다 오겠다 말씀드려도
"일찍 댕겨오너라"
퇴근했다고, 저녁 밥 먹고 왔다고 고하면 항상
"일찍일찍 댕겨라?"

고향집에 갔더니

반세기 가까이 우리 집이었다가
부모님 대전으로 이사할 때
윗마을 사람에게 팔아버린
고향 집을
10여년 만에 찾아가
추억에 넣어두려
연애도랑둑에 서서
카메라를 꺼냈으나
시야를 가로막는 텃밭의 창고며
방향을 틀어 새로 지은 안채로 인해
지척인데도 불구하고
옛 모습은 찾을 수 없다
고향 집을 그릴 때면 항상 배경으로 넣곤 했던
사자산도 억불산도
높이 자랐을 삼나무(스기나무)도
보이지 않고

낮은 담벼락 너머
툇마루에 서서

손자 오는 것 기다리며
새쟁이 바라보고 서 계실
할머니 모습도 지워져버렸다

대전에서는 초승달만 보아도
고향 집과 할머님 모습
아버님의 새벽녘 잔기침 소리
거기에다가 강강수월래 추는
고향 처녀들 발자국 소리까지
환히 보였는데
성능 좋다는 디지털 카메라는
아무 것도 담지 못하니
아
추억은 차라리 그냥 추억대로
놔둬야 하는 것을……

유년의 꿈

간밤 꿈속에서
보름달을 쳐다보며
짖어대던 우리 집
누렁이가
정작 불러온 것은
나의 유년 시절이었다

개 짖는 소리에
나가보니
어릴 적 동무가
대문 밖에서
내 팔을 이끌고
가을 운동회로 가자한다

상으로 공책이라도 받으면
듣게 될, 할머니의 칭찬 생각에
어머니가 밤새 마련한
새카만 고무줄을 두 줄이나 두른
파랑 운동 팬티를 입고

기를 쓰고 달리고 있는데
알람시계 소리에 놀라

잠을 깨니
누렁이도 운동회도 간데없고
깨진 조각달만 도시건물
한구석에 걸려있다

가로수

매연만 먹다보니 남은 것은
생기 없는 누런 이파리
추적추적 비라도 내리면
누더기처럼 떨어져
갈 곳 잃고 우왕좌왕하는
완전 천덕꾸러기 신세
아
타관에서 해가 거듭될수록
깊어만 가는 고향땅에 대한
향수

가을의 정적

누렁이 밥값 하느라 멍멍 짖어대는 소리
돼지 살찌우느라 꿀꿀대는 소리
수탉이 암탉들 불러 모으는 소리
알밤 떨어지는 소리
감 익는 소리
낯선 발자국에 놀란 까치 날갯짓소리
가을 운동회 어린이들 함성소리
청군 이겨라, 백군 이겨라

꿈

꿈이었지만 선명했다
덩니미* 저수지가 보이고
흰 구름 낮게 걸쳐있는 당뫼산**도 보였다
시골고향 어린 그 시절처럼
소 돌보는 핑계로 책보는 내팽개쳤다

당뫼산에 소는 제 알아서 풀 뜯고
나는 동무들과 화랑놀이로 땀 차면
덩니미 저수지에 그냥 뛰어들었다
사 년에 한 명씩 사람 잡아먹고 산다는
물귀신 따위는 아랑곳없이
물뱀과 뒤엉켜 두어 바퀴 휘젓다
불현듯
소 생각 둑으로 기어 나와
목청껏 소를 부른다

---

* 덩님이 저수지 : 억불산 밑의 안양쪽 저수지로 당뫼산 너머에 있음.
** 당뫼산 : 장흥 억불산 밑의 공동묘지가 있는 산등성이로 월평에서 1킬로 정도 남쪽에 있음.

삐비 풀 삐죽대는 산등성을 타고

하늘을 향해 뛰어오르는

오늘도 나는 덩님이 저수지를 물뱀처럼 휘젓고
당뫼산 등성에서 푸른 하늘로 날아 오른다

탐진강 댐, 그리고 그곳 사람들

물론 세상인심 빈정거림처럼 금송아지 묻힌 곳은 아니다했다
다만 시집와 70여 년간 자신의 인생을 버무려 지어온 그 땅은
시어머니와 시 할머니로
그 윗대부터 이어 온
핏줄들 안태고향이라
자신이 죽으면 묻힐 곳이라
도회지로 나와 함께 살자던 큰 아들 효심에도 일각에
거절했었다 그랬었는데
그 땅에다 댐을 쌓아 장홍 강진 물로 써야한다니
이제 와서 어디로 가냐며 현수막 걸어놓고 항의 한 것이
보상금이나 올리는 데모꾼으로 비쳐지더라나

게다가 그 놈의 보상금 때문에 자식들 간에 알력이 생겨
몇 푼씩 나눠주고 나니
이젠 영락없는 끈 떨어진 연 신세라는, 넋두리에

삶의 보상이란 이런 것일까

결국 공수래공수거란 말인가
남 이야기가 아니다

유년의 기억 속, 저수지

쉴 새 없이 퍼붓던 장대비를
유토피아로 착각하고
땅 위까지 래프팅(rafting)한 미꾸라지가
비 그친 뒤 내리 쬐는 폭염에
메말라 뒤틀릴 즈음
우리는 소 한 마리씩 끌고
저수지 품은 당뫼산을 오른다

인적이라곤 전혀 없이 빗소리로만
적막을 깨치던 덩님이 저수지에는
어느새 파란 하늘이 가득하고
뒤편 억불 산 며느리바위까지 들어섰다

초록생기 그득한 저수지 속에
하얀 뭉게구름 일렁이고
파란 하늘 출렁이면
앞뒤분간도 없이 훌쩍 뛰어들었던
내 유년 속 저수지

아직도 내 기억 속에 불쑥불쑥

무성한 물안개처럼 피어올라
도회지의 삶에 허우적대는 나를
어릴 적 꿈속으로 찾아가게 한다

요즘 시골에는

요즘 시골에는
어른들 웃음소리
아이들 울음소리
멈춘 지 오래다

요즘 시골에는
으리번쩍한 승용차들
행렬도 즐비하고,
최첨단 멀티미디어도
낯설지 않다

요즘 시골에는
명절날 귀향하는 자식들보다
명절을 짊어지고
자식 찾아가는 부모들이 많다

요즘 시골에는
우물가에서 바람났다던
시골 처녀도 없고

뽕밭 지키던
삼돌이도 없다

요즘 시골에는
숭숭 뚫려 후하던 싸리문 시골인심은
간데없고
꽁꽁 감싼 도난방지대문으로
야박해진 인심에
똥개마저 배고프다

시골 추억 - 소리

담장 너머로 늘어진 단감을 서리하려다가
집주인 헛기침에
자라에 놀란 가슴 솥뚜껑 보고 놀라듯
나 몰라라 사립 밖으로 줄행랑치는 발자국 소리에
가을양지에 누워 졸던 누렁이 영문도 모른 채 짖어대고
황금 벼슬을 자랑하는 수탉은
몸뚱이를 좌우로 흔들며 꾸꾸꾸 비상경계로
암 닭을 불러 모으는 데, 눈치 빠른 참새는
어느 새 탱자울타리 속으로 머리를 박고
놀란 까치가 둥구나무 위로 솟구친다
정적의 오후에 던져진
우두둑 튀는 발자국 소리가
파도 타듯 여울지며 번지고
오양 간에는 송아지 찾는 어미 소의 울음소리가
사물패의 징 소리처럼 시골 소리들을 끌어 모은다

부자지간

어려서는 나를 만물박사로 알았다
어려서는 나를 만병통치 의사로 알았다
어려서는 나를 슈퍼맨으로 알았다
어려서는 내 말이면 무조건 믿었다

크면서 점점 내가 만물박사도
만병통치의사도 아니란 것을
말만 하면 해결이 되는 해결사도
슈퍼맨도 아니란 것을 알았다
그리고
내 말이 전부가 아니라는 것도 깨달았다

이제는 내가 그를 만물박사로 본다
이제는 내가 그를 만병통치동의보감으로 본다
이제 그에게 내 노쇠한 몸뚱이 수리를 맡기며
뭐든지 뚝딱 고쳐줄 도깨비방망이로 본다
이제는 그가 의사이다

오월의 연가

큰 아들 하나 보고 기꺼이 고향 떠나
이는 사람도 없는 방동, 성북동 생활도
즐겨 자청하시더니
막내 결혼하여 손자들 봐주신다며
시멘트 가득한 유천동 아파트 숲에 사시다가
새 집 장만하여 이사하는 막내아들과 함께
따라 온 노은동
비록 아는 사람 아무도 없지만
산도 공기도 너무 좋아
운동 삼아 봄빛 가득한 산자락 거닐며
자식 생각, 친구 생각, 친정 생각, 먼저 간 남편생각……
빈터에 채소도 심어보며 농사짓던 옛 생각으로
어머니 봄날은
부산 내안리 봄처녀에서
월평 50년
대전 14년을
이어 달리는 데

정든 사람 하나 둘씩 세상을 뜨고
어느 듯 팔십 줄이 되어버린 조그마한 육신에는
천하에 잘났다던 당신 자식들
아무리 안타까워해도
갖가지 최첨단 의술 동원하여
땜질해 보아도
老病과 현대병이 앞 다퉈 몸에 파고 들어와,
이젠
눈물로 소원을 빌던 그 눈물샘까지 막혀 고생하시는
어머니 나의 어머니

우선하던 퇴행성관절염까지 다시 찾아와
쉴 새 없이 왼쪽 무릎 쪼아대는 통에
걷기도, 일어서기도 어려우셔라
그런데도
행여 자식들에게 짐이 될라 좌불안석하신
어머니 나의 어머니

어머님의 입원

바람 든 무 같은 뼈가 골절돼 거동이 불편하신 어머님을
쫓기듯 사는 자식대신 24시간 간호해준다는 병원에 입원시켜드렸더니
같은 또래 같은 신세 노인들과 이런저런 세상이야기로 낙을 삼다
그것도 시들하셨던지, 내 손을 잡으시고
'애야 여기는 감옥 아닌 감옥이다' 고 젖으시는 음성
어머니의 하루하루는 자식들 기다리는 그리움의 시간
불면 아닌 불면으로 잠 못 이루는데
어쩌다 잠시 곤한 잠으로 빠져들라치면 병실 바로 옆
장례식장의 검은 옷의 상주들과
부의 봉투 들고 부산하게 찾아오는 문상객들 바람에
뜬 눈으로 새워야 할 밤이 무섭다며
차라리 간호사에게 수면제나 달라하여
영원히 깨지 않을 잠 연습이나 해볼까나 하는 내 어머니

5

억새의 춤

한라산 중턱에서 본 제주

지천에 핀 야생화가
만든 십자수 위를
산새 한 마리
구름 품은
윗새오름으로 치솟고

진녹색 오름마다
에메랄드 광채를 내며
청룡이 되어
승천을 준비한다

하얀 파도가
꼬리를
힘껏 붙들어 보지만
용은 어느 새 한라산을
넘고 있다

제주 억새의 춤

벚꽃 휘날리듯
현란한 흰색 실크 머플러 춤사위에
들끓는 신명
들썩이는 어깨춤 너머에는
옥색 파도가 만들어지고
일렁이는 오색구름 행렬에 맞추어
하늘 마지 억새아가씨 경연이
트럼펫 행진음악 속에
타 오른다

앞으로, 앞으로
저 창공을 향해
군무를 펼친다

대광리의 파도*

파도
끊어질 듯
부서지며
이어지는
대광리 파도는
바람을 타고
뭍으로 기어오르려 하고

한 폭 수채화처럼
바닷가 모래사장에
흐드러진 해당화는
파도를 타고
빨강 노을을 피운다

* 대광해수욕장은 전남 신안군 임자도에 있으며 우리나라에서 가장 넓고(300미터) 긴(12킬로미터) 백사장에 고운모래와 해당화가 일품이다.

청평호수의 아침

사랑의 아픔을 더 많이 담았을까
파랗게 물든 청평호수가
물안개 속에서 잠을 깨면서
밤샘 별들에게 작별을 고한다
세차게 분수를 뿜어댔던 배가 잔물결에
꿈틀거리며 기지개를 펴는 듯 싶더니
동녘에선 환하게 새날이 다가온다
새소리 살짝 물 위를 스쳐가자
호수 속 산 그림자가 간지럼을 타는지
큰 몸짓으로 일어선다
영원한 사랑을 매단 솟대들이
하늘을 향해 소원을 부르고
다시 일상을 여는
어울림의 노래를 듣는다

해운대의 겨울 바다

파도는 하얗게
백사장에 다가서고
한무리 갈매기들
아침 산책 한창인데
닐을 던지는 낚시꾼의 관심사는
오직
뭔가를 끌어올리는 일
수평선이 없는 곳
지평선도 없는 곳
흰 빛 양식장에는
공중에 떠있는 배들만
서성일 뿐

캄보디아여

－세계 5대 빈곤국인 캄보디아를 생각하며

천 년 전 영광의 앙코르와트는
남부 아시아를 지배한 왕국이었다는데
지금은 관광객들의 주머니만 쳐다보며
원 달러, 투 달러를 외치는
어린아이들의 애달픈 눈망울 뒤로
폐허 속에 잠든 유적지는 파헤쳐지고
킬링필드의 망령들은
윤회의 덫으로 가난귀신 풀어
민초들만 빈곤 속으로
추락시켰구나
살륙이 일상이 되어버렸던
폴포트의 흔적들이
자칫하면 터지는 지뢰밭으로
채 피어나지도 못한
한 팔을 잃어버린 아이들만
만들어내며
시간의 강을 붉게 물들이는
아 아 캄보디아여
무책임한 역사만 남긴 채

오늘도 도도히 트레삽호수는
하염없이 흘러만 간다
앙코르제국의 영광과
크메르루즈와의 내전이
현존하는 그곳에는
모든 것이 멈춰있다
시간도,
역사도,
인륜도
동족의 심장에 총 칼을 꽂은 이들이 이제는
30년 내전에 파괴된 역사와 문명을 복원한다며
유화적 제스추어로 손짓한다
탈을 쓴 인간들이 가슴을 짓누른다

그들에게는

-트렌샵 호수에서 수상생활을 하는 캄보디아 사람들을 보면서

흙탕물에서 어떻게 머리를 감느냐고
거기에서 무슨 수영을 하느냐며
썩은 시궁창 냄새 속에서 어떻게 사느냐고
우리는 걱정하지만
정작 그들에게는, 꽃이 피고 지는 것처럼
너무 자연스러운 일상일 뿐

매년 되풀이 되는 범람은
오히려 고기의 산란을 돕고
농토를 비옥하게 하는
먹을거리의 근본이라는 것을 알기에
강이 차면 십 여리를 떠내려갔다가
물이 빠지면 다시 돌아오는
호수와 하나가 되는 선상생활 속에서

삼십년 내전으로 핏빛된 호수지만
그들을 결코 저버리지 않는
모유와 같은 강이기에
다만 내 눈에 그들이

더럽고 불쌍할 뿐
트렌샵호수를 닮은 그들 눈동자는
해머에 흔들리며
앙코르와트 영화를 꿈꾸는 것

여행에 대해

버리고 온 것과, 가지고 온 것이
서로 달라도
떠난 곳과 돌아올 곳은 같은 것
그래서 여행이란
오기 위해 가는 것
가기 위해 오는 것
여행에선
가고, 보고, 듣고, 먹고, 사면서
사람의 길에 나를 남기는 것
물은 그릇을 만나 모양이 되고
세상은 사람을 만나
모습을 갖게 되듯
여행은 길을 만나
자신의 한 모퉁이를
발견하는 것
세월의 금형에 나를 담는 것

앙코르 와트

수백 만 개의 돌들에 새겨진 신화는
0.1%의 생을 위한
99.9%의 희생들로 아우러진 7대 불가사의

연못에 투영된 앙코르와트의
신비함 새긴 무심한 연꽃은
윤회의 바퀴를 되돌려보려 하지만
세월의 늪에 걸려 망신창이가 되어버린
대 제국 앙코르역사를
제대로 끌어낼 실타래는
어디에 있는 걸까?

반테아이레이 사원

동양의 모나리자상이라는 반데아이레이 사원의
여신상에 반한 것은
비단 앙드레* 말로 뿐 아니다
석고도 진흙도 아닌 돌에 빚어낸
아름다움에 매료되는 것은
당신이라도 어쩔 수 없는 일

힌두의 전설 속으로 자신을 용해시키려는
왕의 염원은
천 사백년이 지났어도
아름다움으로 영원히 남아
금빛 황혼녘으로
온 몸을 전율케 하는데,
비록 천년의 강이 흘렀지만
박공양식으로 조각된 시바신은
보는 이의 가슴 속 깊이
사랑을 각인케 하는 구나

---

* 앙드레말로 : 프랑스 문화부장관까지된 작가

시엔렙 공항에서

초록 빛 도화지에 잘 그은
질서정연한 저 선은
누구의 작품일가
스스로 통제 받고 싶은
인간들의 경계선일까

사람은 왜 선을 그어
스스로를 구속하는 것일까
광활한 저 초원을 비켜두고
괜히 만든 함정에서
허덕이는 걸까

강은

–비행기에서 내려다보이는 캄보디아의 강을 보며

강은
꿈틀거리며 헤집고 다니는 것이 꼭
꿈 좇아 떠나는 여행객 같다

강은
작은 강을 큰 강이
서로 부둥켜안으며 더 크게 나아가는 것이
꼭 희망을 불어넣는 생명줄 같다

강은
갖가지 사연 고스란히 안고
말없이 흘러가야 하는 것이
우리들 사는 것 같다

강은
어떤 시련의 폭풍우가 몰아쳐도
좌절을 모르며
절대 뒤돌아서지 않는 것이
꼭 진리를 향해 매진하는
성인 같다

하롱의 섬들

-베트남 북부 하롱을 유람하면서

본래 용꿈 꿔서 승천하는 것인데
여기만은 용꿈을 거꾸로 꾼 듯,
용이 지상으로 내려왔다는 곳
잠을 깬 용이 다시 승천 하면서
선물로 준 보석일까
바다에 뿌려진 수많은 에메랄드빛 섬
바다가 되려던 호수와
호수가 되고픈 바다에서
찬란한 매혹의 눈빛으로
과객을 붙드는구나

몽골리아의 밤

–몽골리아의 초원에서 새벽 별들을 보면서

나는 보았다
구름 한 점 없는 하늘에 수놓은 별들로 인해
이곳 대평원에는 가로등도 네온사인도
전혀 필요 없다는 것을

나는 알았다
셀 수 없이 많은 별들과의 밀어를 통해
넓은 광야를 홀로 떠돌아도
그들은 전혀 외롭지 않다는 것을

나는 들었다
하늘에 펼쳐진 망망한 우주의 계시를 따라
세계 정복의 원대한 꿈을 품고
수 천만리를 달리고 있는
징기스칸의 말발굽 소리를

나는 느꼈다
떨어지는 별똥별을 보면서
결국 인간과 자연

그리고 과거와 현재가 공존하는

원초적 세계에선
너나 없는 한 덩어리
무소유의 평등으로
당연하게 더불어 살아간다는 것을

그리고 그것은
바로 자연이라는 것을

그랜드 캐년이여

누가 저렇게 만들었을까
끝없이 펼쳐지는 태고의 장관 앞에
취객처럼 두 발이 휘청거린다
동공을 아무리 넓혀도
담을 수 없는 장관이
전신을 고문한다

시간과 날씨와 계절에 따라
살아 움직이는 통에
한 마디로는 표현할 수 없는
그랜드 캐년이여
과연 신이 부여한 의미는 무엇일까
인간에게 던진 암시는 무엇일까
숱한 세월의 풍상과 함께
금방 부스러질 것 같은
위태함을 수억 년 간 버텨온
그랜드 캐년의 기묘한 자세는
천상천하 최대의 발레리나인가, 아니면
주제에 따라 전혀 다르게 변모하는

유니버설 세트장인가

그대 그랜드 캐년 앞에서
우리 무엇을 자랑하랴
우리 무엇을 내세우랴

사막은 생명이다

–미국 서부 모하비 사막을 지나면서

해, 별, 달이 마음 놓고 주저 앉아
어루만져 주는
소나 양떼도 없는 그곳
종일 자동차 불빛과 소음이
저인망처럼 목을 옥죄어
쉴 자유, 죽을 자유도 없어
뜬 눈으로 새벽을 맞아야 하는
도시의 삶과는 전혀 다른 곳

강인한 의지와 인내력으로
수억 년을 그렇게 버텨오는 곳
모든 것이 처음 그대로 있어
방황한 탕자를 받아주려는 듯
두 팔을 벌리고 있는 곳
내면의 아름다움을
뽐내지 않으니, 아무도 칼을 대지 못하는 곳
그래서 저 깊은 가슴 속에
꿈이 담겨 있고,
꿈은 생명을 잉태하고 있는 곳

라스베가스

10년을 자도 같은 방을 쓰기 어렵다는
수천 개의 룸을 가진
베네치아와 하임 호텔에는
호화로운 사막의 야화가
밤마다 피어나
어떻게 해서든지
1센트까지도 도박장으로 빨아드리는데

밤의 장마에는 오늘 밤도
프리몬 거리의 화상쇼에
우주인이 되었다가 다시
화산 쇼, 분수 쇼에 빠지면서
정신을 잃게 하는 곳

사람들은 운명을 붙들며
끝장이 보일 때까지
배팅으로 충혈된 눈을
벌겋게 쏟아내고 있다

시카고 금문교에서

안개가 밀려온다
60년 전에 이렇게 세웠다니
분명히 GOLDEN 색은 아니지만
바람과 안개와 시간 그리고
계절에 따라 추억을 만들면서
밤이 되면 백만 불짜리 야경으로 태어나니
과연 GOLDEN GATE이다

오늘도
금문교는
바람과 안개 속으로
하얀 파도를 잠재우며
샌프란시스코의 꿈과 사랑을 실어 나르고 있다

분화구

-하와이 마우이산 분화구에서

시샘하는 구름 때문인가
알 수 없는 하늘의 뜻일까
산이 구름위에서 나타났다가
어느 새 안개 속으로 사라진다

해발 3000미터가 넘어서인지
저 아래로 구름이 흐르고
구름 위에는 멀리 바다가 떠있다
입을 한껏 벌린 분화구 속으로
무지개가 걸려있고
한 여름인데도 영하의 기온을 쓸어 담아
갑자기 부는 바람이
소매를 끌며 분화구 속으로 가자한다
자연이 분명 살아있구나

오! 하와이

태평양으로 두 팔을 벌린 와이키키 해변에는
옥색 바다에 잔뜩 취한 온 세계 피부들이
희열로 가득한 채 바다 속에 떠있다
낙조에 물든 파도가 보름달을 띄우고
횃불 켜진 길가에는 알 수 없는 온갖 언어들이
원색 티셔츠마저 벗어버린 몸뚱이들 사이에서
파노라마 되어 흩어진다

이방인으로 가득한 호텔 무대에선
폴리네시안 매직 쇼가 펼쳐지고
너나없이 70달러를 털어 넣고도
그저 좋아라 하는데
분홍빛 야경은 산허리에 걸려 내려올 줄을 모른다